OEUVRES
DE
MOLIÈRE

*ILLUSTRATIONS
PAR*

JACQUES LEMAN

LE MARIAGE FORCÉ

PARIS
CHEZ ÉMILE TESTARD ET Cⁱᵉ, ÉDITEURS
10, RUE DE CONDÉ

1888

OEUVRES

DE

J.-B. P. DE MOLIÈRE

LE MARIAGE FORCÉ

JUSTIFICATION DU TIRAGE

Il a été fait pour les Amateurs un tirage spécial sur papier de luxe à 1,000 exemplaires, numérotés à la presse.

			NUMÉROS
125	exemplaires	sur papier du Japon.	1 à 125
75	—	sur papier de Chine.	126 à 200
200	—	sur papier Vélin à la cuve.	201 à 400
600	—	sur papier Vergé de Hollande.	401 à 1000

OEUVRES
DE
MOLIERE

ILLUSTRATIONS
PAR

JACQUES LEMAN

NOTICES

PAR

ANATOLE DE MONTAIGLON

PARIS
CHEZ EMILE TESTARD ET CIE EDITEURS
10 RUE DE CONDÉ
M.DCCC.LXXXVIII

NOTICE DU MARIAGE FORCÉ

ANS sa forme actuelle *le Mariage forcé* est une petite comédie en un acte. C'est ainsi que Molière l'a joué quand il l'a repris au Théâtre du Palais-Royal, en Février 1668, et quand il l'a imprimé au mois de Mars de la même année — l'achevé d'imprimer est du 9, le jour même où il en arrêta les représentations — et nous n'avons ici qu'à le suivre.

En réalité, c'est la réduction d'un Divertissement, coupé d'intermèdes en vers et surtout de danses, qui fut représenté le mardi 29 et le jeudi 31 Janvier 1664, au Louvre, dans l'appartement bas de la Reine-Mère, dans la partie du Musée des Antiques qui est au-dessous de la Galerie d'Apollon, puis deux fois aussi au Palais-Royal chez Madame, le lundi 4 et le samedi 9 Février. Molière le donna ensuite sur son Théâtre « avec le ballet et les ornements » du 15 Février au 7 Mars. Quatre soirées furent très fructueuses; la seconde arriva à 1,509 livres, et trois autres dépassent 1,200; mais les autres varièrent de 750 à 200, ce qui était peu et payait mal la peine et les frais extraordinaires.

Sous cette forme, où l'action comique a moins de place que les entrechats, *le Mariage forcé* eut moins de succès qu'à la Cour, où il avait été trouvé si charmant qu'en mai 1664 il fut choisi par le Roi pour clore *Les Plaisirs de l'Ile enchantée;* il est probable que Louis XIV, qui donnait la fête, passa à un autre son rôle et son costume d'Égyptien.

C'est en 1668 que la Pièce fut réduite ou plutôt ramenée à un seul acte par la coupure des « ornements », et jouée huit fois de suite avec *Amphitryon* du 24 Février au 9 Mars, une fois devant le Roi, pendant le séjour de la Troupe à Versailles de la fin d'Avril, et enfin quatorze soirées de suite en 1672, du 8 Juillet au 7 Août, avec *La Comtesse d'Escarbagnas*. Cette fois, Lagrange nous apprend que *le Mariage forcé* fut alors « accompagné d'ornements dont M. Charpentier a fait la musique, M. de Beauchamps les ballets, M. Baraillon les habits, et que M. de Villiers », qui fut gagiste du 19 Avril au 11 Août, probablement en vue de cette reprise, « avoit employ dans la musique des Intermèdes ». Comme *la Comtesse d'Escarbagnas* n'a qu'un acte, il fallait redonner plus d'importance à la Pièce qui l'accompagnait. C'est ce qui fait penser, quand *le Mariage forcé* se jouait en 1668 avec les trois actes d'*Amphitryon*, qu'il était sans « ornements », et tel qu'il se trouve dans l'édition donnée par Molière. On remarquera que la musique est nouvelle et d'un autre auteur ; celle de 1664 était de Lully. On sait tous les ennuis qu'il créa à Molière à la fin de sa vie. Ils étaient encore ensemble, en 1669 et 1670, dans *Pourceaugnac* et dans *Le Bourgeois Gentilhomme* ; mais la façon dont, en 1668, Molière s'adressait à un autre qu'à lui ferait penser que déjà il y avait entre eux un premier refroidissement et un commencement de brouillerie.

On connaît le premier *Mariage forcé* en deux états, d'abord dans la plaquette contemporaine in-4° de Robert Ballard, donnant seulement l'analyse des scènes et les vers des Intermèdes, ensuite dans l'impression qu'en 1867 M. Ludovic Lecler en a faite, sous l'anagramme de *Celler*, d'après une copie manuscrite de la Pièce et de sa musique, exécutée en 1690 par André Danican, dit Philidor l'aîné, et conservée dans ses recueils à la Bibliothèque du Conservatoire.

La comédie-ballet était en trois actes. Le premier s'arrête après la déclaration peu engageante de Dorimène. Sganarelle, pris d'une pesanteur de tête insupportable, se met, pour dormir, dans un coin de la scène et voyait en songe, après un Récit de la Beauté, l'Entrée de la Jalousie, des Chagrins et des Soupçons, suivie de celle de quatre Plaisants ou Goguenards.

Le second acte est composé des scènes de Sganarelle avec les deux Philosophes, suivies d'une Entrée de deux Egyptiens et de deux Egyptiennes. C'était le Roi qui dansait l'un des Egyptiens, et il faut remarquer que, dans les ballets du *Mariage forcé*, les rôles de femmes étaient tenus par des hommes, Courtisans ou Danseurs de profession. L'acte se termine par la consultation des Bohémiennes et par l'intervention d'un Magicien, faisant apparaître quatre Démons, qui répondent à Sganarelle par signes et sortent en lui faisant des cornes.

Le troisième acte commence par les scènes de Sganarelle avec Alcantor et Alcidas, et, quand il a « touché la main » de Dorimène, toute la fin se passe en ballets, celui du Maître à danser enseignant une Courante à Sganarelle, une Entrée d'Espagnols et d'Espagnoles, un charivari grotesque et une dernière Entrée, celle de quatre Galants cajolant la Femme de Sganarelle.

Tout cela, comme on voit, ne se tenait guère, et Loret, qui parle longuement de la seconde représentation du Louvre — il avait été à la première, sans rien voir et sans rien entendre — a tout à fait raison quand il appelle la Pièce un *Impromptu*.

Le Roi était alors dans sa période galante, dans celle des fêtes, des carrousels, des tournois et des ballets, où il figurait en personne. S'il prenait au Surintendant son Architecte, le second Louis Levau, Lebrun son Peintre, Le Nôtre son Jardinier, et même ses Tapissiers de Maincy, il n'avait pas à prendre Molière, qui était déjà à lui ; mais l'Impromptu de Vaux, on a nommé *les Fâcheux*, lui avait montré quel parti il en pouvait tirer pour ses plaisirs et avec quelle rapidité il était capable d'improviser et de mettre sur pied la comédie d'une Fête.

Le *Mariage forcé* est la première commande de ce genre que le Roi fit à son Comédien. Les *Plaisirs de l'Ile enchantée* suivirent de près. En 1666, Molière fit, pour le *Ballet des Muses*, la *Pastorale comique*, *Mélicerte*, qu'il n'eut heureusement pas plus le temps d'achever qu'il n'avait fait *La Princesse d'Elide*, et aussi *le Sicilien* ; en 1668, les Intermèdes de *Georges Dandin* ; en 1670, *Les Amants magnifiques* et *Le Bourgeois Gentilhomme* ; en 1671, *Psyché*, et, en 1673, sa dernière Comédie-Ballet, le *Malade imaginaire*, où il ne joua que quatre fois, était, avec son Eglogue, en musique et en danse, sur les exploits victorieux du Roi, et avec la Cérémonie finale, faite de même pour figurer dans une Fête royale.

La Pièce en un acte n'est pas sans avoir conservé des traces de la première version. Ainsi, quand Sganarelle, dans l'inquiétude où le laissent les éclats de rire des Bohémiennes s'écrie : « Il faut absolument que « je sache la destinée de mon mariage, et pour cela je veux aller trouver

« ce grand Magicien dont tout le monde parle et qui, par son art admi-
« rable, fait voir tout ce que l'on souhaite », en ajoutant, lorsqu'il voit
ensemble Dorimène et son Galant : « Ma foi, je crois que je n'ai que faire
« d'aller au Magicien, et voici qui me montre tout ce que je puis
« demander ». Ne semble-t-il pas que Molière, se souvenant de l'Intermède
et de sa machinerie, se donne à lui-même et à son nouveau public la
raison qu'il a eue de les supprimer ? Il y en a encore une autre trace dans
une curieuse variante du décompte de l'âge de Sganarelle. Dans l'édition
originale de 1668 on trouve : « Je revins en cinquante-six. — De cinquante-
six à soixante-huit il y a douze ans ». Molière avait fait ce changement
pour faire concorder la chose avec l'année de la reprise, car, dans l'édition
de 1682, comme dans le texte de Philidor, il y a : « Je revins en cinquante-
deux. — De cinquante-deux à *soixante-quatre...* », la date de la première
Pièce en trois actes, dont on peut citer encore un autre souvenir, quand
Géronimo répond à Sganarelle, qui l'invite à ses noces : « Je n'y man-
querai pas, et je veux y aller en masque pour les mieux honorer ». Dans
la Comédie-ballet, c'était la quatrième scène du troisième Acte : « Le
Seigneur Geronimo vient se réjouir avec son ami et lui dire que les
jeunes gens de la ville ont préparé une mascarade pour honorer ses
noces ».

En même temps l'on pourrait croire que, pour satisfaire plus vite aux
desirs du Roi, Molière n'a eu qu'à reprendre et à remanier le canevas d'une
de ses Farces de Province. Les deux Philosophes continuent le Docteur
de la *Jalousie du Barbouillé*.

Celui-là n'avait pas de nom ; ici l'un vient du *Desniaisé* de Gillet de La
Tessonnerie, imprimé en 1648. Pancrace, malgré sa qualité d'Intendant,
y est tout aussi ridicule qu'un Philosophe, et Jodelet, qui veut le consulter sur son mariage, est aussi étourdi de son bavardage que Sganarelle.
Il enrage de même et finit par s'écrier aussi :

Au Diable les Sçavans et qui les veut comprendre.

Le nom de Marphurius vient du Mamphurius de *Boniface et le Pédant*,
imitation française, en 1633, du *Candelaio* de Giordano Bruno, et de la
vieille statue Romaine, dont Rabelais a si plaisamment mis un livre dans
la Bibliothèque de Saint-Victor : « Marforii, Bacalarii, cubantis Romæ,
De pelandis mascarandisque Cardinalium mulis ».

A elle seule, cette raillerie des Pédants pourrait suffire à une Farce, et le théme du demandeur de conseils, dans lequel elle vient ici s'encadrer, pourrait bien en avoir été une autre. Nous ne connaissons pas toutes les petites scènes que Molière a jouées en Province après la grande Piéce. Si on les avait, on serait bien étonné de la manière dont il a dû, toute sa vie, y puiser tel ou tel détail de ses grandes Comédies et lui donner ainsi une vie nouvelle.

En 1668, ce rôle de Pancrace est plus court que dans l'édition de 1682. Dans celle-ci, la scène se termine par ce passage, qu'il convient de transcrire ici tout entier, et qu'il serait bien difficile d'attribuer aux éditeurs posthumes :

SGANARELLE. *Il pousse le Docteur dans sa maison, et tire la porte pour l'empescher de sortir.* Peste de l'homme.

PANCRACE *au dedans de la maison.* Oui, la parole *est animi index et speculum.* C'est le truchement du cœur ; c'est l'image de l'âme ; *il monte à la fenêtre et continue, et Sganarelle quitte la porte.* C'est un miroir qui nous représente naïvement les secrets les plus arcanes de nos individus, et, puisque vous avez la faculté de ratiociner et de parler tout ensemble, à quoy tient-il que vous ne vous serviez de la parole pour me faire entendre vostre pensée.

SGANARELLE. C'est ce que je veux faire, mais vous ne voulez pas m'écouter.

PANCRACE. Je vous écoute, parlez.

SGANARELLE. Je dis donc, Monsieur le Docteur, que...

PANCRACE. Mais surtout soyez bref ;

SGANARELLE. Je le seray.

PANCRACE. Evitez la prolixité ;

SGANARELLE. Hé, Monsi...

PANCRACE. Tranchez moy votre discours d'un Apophtegme à la Laconienne.

SGANARELLE. Je vous...

PANCRACE. Point d'ambages, de circonlocution.

SGANARELLE, *de dépit de ne pouvoir parler, ramasse des pierres pour en casser la tête du Docteur.*

PANCRACE. Hé quoy, vous vous emportez, au lieu de vous expliquer. Allez, vous estes plus impertinent que celui qui m'a voulu soutenir qu'il faut dire « la forme d'un chapeau », et je vous prouverai en toute rencontre, par raisons démonstratives et convaincantes, et par arguments *in barbard*, que vous n'estes, et ne serez jamais, qu'une pécore, et que je suis et seray toujours, *in utroque Jure* Le Docteur Pancrace. *Le Docteur sort de la maison.*

SGANARELLE. Quel diable de babillard.

PANCRACE. Homme de lettre, homme d'érudition,

SGANARELLE. Encore !

PANCRACE. Homme de suffisance, homme de capacité, — *s'en allant :* homme consacré dans toutes les Sciences, Naturelles, Morales, et Politiques, — *revenant :* homme sçavant, sçavantissime *per omnes modos et casus*, — *s'en allant :* homme qui possède, *superlative*, Fables, Mithologies, et Histoires, — *revenant :* Grammaire, Poësie, Rhétorique, Dialectique, et Sophistique, — *s'en allant :* Mathématique, Arithmétique, Optique, Onirocritique, Physique, et Métaphysique, — *revenant :* Cosmimométrie, Géométrie, Architecture, Spéculoire, et Spéculatoire, — *en s'en allant :* Médecine, Astronomie, Astrologie, Physionomie, Métoposcopie, Chiromancie, Géomantie, etc.

SGANARELLE. Au diable les sçavans qui ne veulent point écouter les gens ! »

Cela est aussi bien de Molière que tout ce qui le précède.

De deux choses l'une. Ou Molière l'a ajouté, comme les chanteurs intercalent les variations du point d'orgue laissé à leur fantaisie, et le thème pouvait être, à la fantaisie de l'acteur, brodé et prolongé en quelque sorte indéfiniment, comme le montre l'*etc.* final, cet *etc.* qui se trouve deux fois, et avec la même intention, dans le *Médecin volant*, notamment à la fin du pathos de l'Avocat, qui pouvait le continuer *ad libitum*. Ou bien, au contraire, Molière l'a supprimé. Comme, aussi bien que dans l'édition de 1682, on trouve le passage dans la copie de Philidor, c'est-à-dire dans la Pièce en trois actes, il semble qu'il faille plutôt adopter la seconde hypothèse, et croire que c'est un retranchement au lieu d'être une addition.

On a dit que le *Mariage forcé* sortait du *Ballet de la Sibylle de Panzoust*, qui est de 1645. Le nom de Dorimène en vient peut-être, car on y trouve une Entrée de filles de mauvaise vie, que l'auteur qualifie du nom de *Dorimènes;* mais la Pièce de Molière n'en vient nullement. Panurge, allant consulter des Docteurs sur son mariage, ne fait qu'y passer, pour y être seulement l'une des dix-huit Entrées. Celui dont Molière s'est inspiré pour bien des détails du *Mariage forcé*, c'est Rabelais, et c'est même là qu'on rencontre le plus de souvenirs du grand Tourangeau.

Un des couplets les plus gais de Pancrace, c'est l'interminable dénombrement des sciences. Rabelais abonde en énumérations de ce genre; c'est une des sources et l'un des meilleurs procédés de son comique. Y compris le Français, Pancrace se vante de parler onze langues et pourrait, comme polyglotte, lutter avec Panurge, qui en parle treize. Cela est bon dans un livre, et l'on sait combien l'avalanche des baragouins de Panurge est amusante ; mais, au théâtre, trop de gens n'eussent pas compris. Molière est arrivé au même effet comique en jetant les langues elles-mêmes par dessus bord et en se contentant de faire Pancrace en menacer Sganarelle.

Pour Marphurius, c'est un Philosophe, éphectique et Pyrrhonien, de l'Ecole de Trouillogan; mais Panurge renonce et confesse que Trouillogan « lui échappe ». Molière a ajouté à Rabelais les coups de bâton, qui sont une si amusante et si bonne réfutation du scepticisme, plus convaincante encore que celle du *Manuel* d'Epictète. Comme un maître d'esclaves est de ceux qui tiennent pour le doute, un esclave, qui veut le faire enrager, dit à son camarade que, si on lui demande de mettre un peu d'huile dans l'eau d'un bain, il apportera de la saumure et répondra, quand le maître verra ce qu'il en est : « Comment le sais-tu, puisque nos sens nous trompent ». C'est la même idée, mais le raisonnement de Sganarelle est plus démonstratif encore et bien plus plaisant.

Par exception, Molière dont les amoureuses et les amoureux sont toujours si sincères et si honnêtement charmants, a fait de Dorimène une coquine, comme la Femme de Barbouillé et plus tard celle de Georges Dandin, avec cette aggravation que Dorimène se marie pour tourner mal dès le premier jour; Lycaste ne vaut pas mieux qu'elle. Dancourt en reprendra plus tard et en développera les types, mais ils sont ici vilains plutôt que comiques. Ils ne sont pas d'ailleurs peints pour eux-mêmes et sont seulement indiqués, à l'état de comparses et de moyens, pour mettre Sganarelle en scène.

Tout ce qui pivote et se succède autour de lui est d'un comique étincelant, mais il est autre chose que le *Compère* de cette Revue et de ses apparitions successives. Dans la comédie de 1660 il n'était qu'imaginaire; ici il monte en grade. S'il ne l'est pas encore, il le sera; il l'est en herbe avant de l'être en gerbe. Mais la gaîté bouffonne de ses confiances, de ses inquiétudes et de sa poltronnerie n'est pourtant pas la seule idée dominante et maîtresse; il y en a une autre. En même temps que la critique et la leçon des mariages mal assortis, il y a le type éternel du demandeur de conseils, qui les sollicite de bonne foi et qui ne veut jamais en rien entendre.

La merveille est de reprendre incessamment le même thème, — c'est une des habitudes de l'esprit de Molière, — et de le renouveler avec une variété toujours inattendue, dont le succès paraît si naturel qu'on peut oublier de s'en rendre compte et de la remarquer pour en admirer la force autant que la souplesse et l'habileté. C'est le cas de dire, non pas comme Cailhava à la fin de tous ses chapitres, ce qui à la longue devient un peu naïf : « Lisez la Pièce de Molière » mais « Relisez-la ». C'est une Farce, c'est une bluette, mais c'est un petit chef-d'œuvre, en un acte bien entendu et sans les « ornements », sous lesquels il était comme étouffé, et dont Molière, pour nous comme pour lui, a eu bien raison de le débarrasser.

ANATOLE DE MONTAIGLON.

LE MARIAGE FORCÉ.

LE MARIAGE FORCE

COMEDIE

PAR

J.B.P. DE MOLIERE

A PARIS
CHEZ JEAN RIBOU, AU PALAIS,
VIS A VIS LA PORTE DE L'EGLISE DE LA SAINTE CHAPELLE
A L'IMAGE S. LOUIS

M.DC.LXVIII
AVEC PRIVILEGE DU ROY

Extraict du Privilège du Roy.

Par grâce et Privilège du Roy, donné à Saint-Germain-en-Laye le 20. jour de Février 1668, signé : Par le Roy en son Conseil, MARGERET, *il est permis à* J.-B. P. DE MOLIÈRE *de faire imprimer, par tel Libraire ou Imprimeur qu'il voudra choisir, une Pièce de Théâtre de sa composition, intitulée* LE MARIAGE FORCÉ, *pendant le temps et espace de cinq années entières et accomplies, à commencer du jour qu'elle sera achevée d'imprimer, et Défenses sont faites à tous autres Libraires et Imprimeurs d'imprimer, ou faire imprimer, vendre et débiter ladite Pièce, sans le consentement de l'Exposant ou de ceux qui auront droict de luy, à peine, aux contrevenans, de trois mille livres d'amende, confiscation des exemplaires contrefaits, et de tous despens, dommages et interests, ainsi que plus au long il est porté par lesdites Lettres de Privilège.*

Et ledit SIEUR DE MOLIÈRE a cédé et transporté son droict de Privilège à JEAN RIBOU, Marchand Libraire à Paris, pour en jouir suivant l'accord fait entr'eux.

Registré sur le Livre de la Communauté, suivant l'Arrest de la Cour de Parlement.

Achevé d'imprimer pour la première fois, le 9 Mars 1668.

PERSONNAGES

SGANARELLE.
GERONIMO.
DORIMÈNE, jeune Coquette, promise à Sganarelle.
ALCANTOR, Père de Dorimène.
ALCIDAS, Frère de Dorimène.
LYCASTE, Amant de Dorimène.
Deux EGYPTIENNES.
PANCRACE, Docteur Aristotélicien.
MARPHURIUS, Docteur Pyrrhonien.

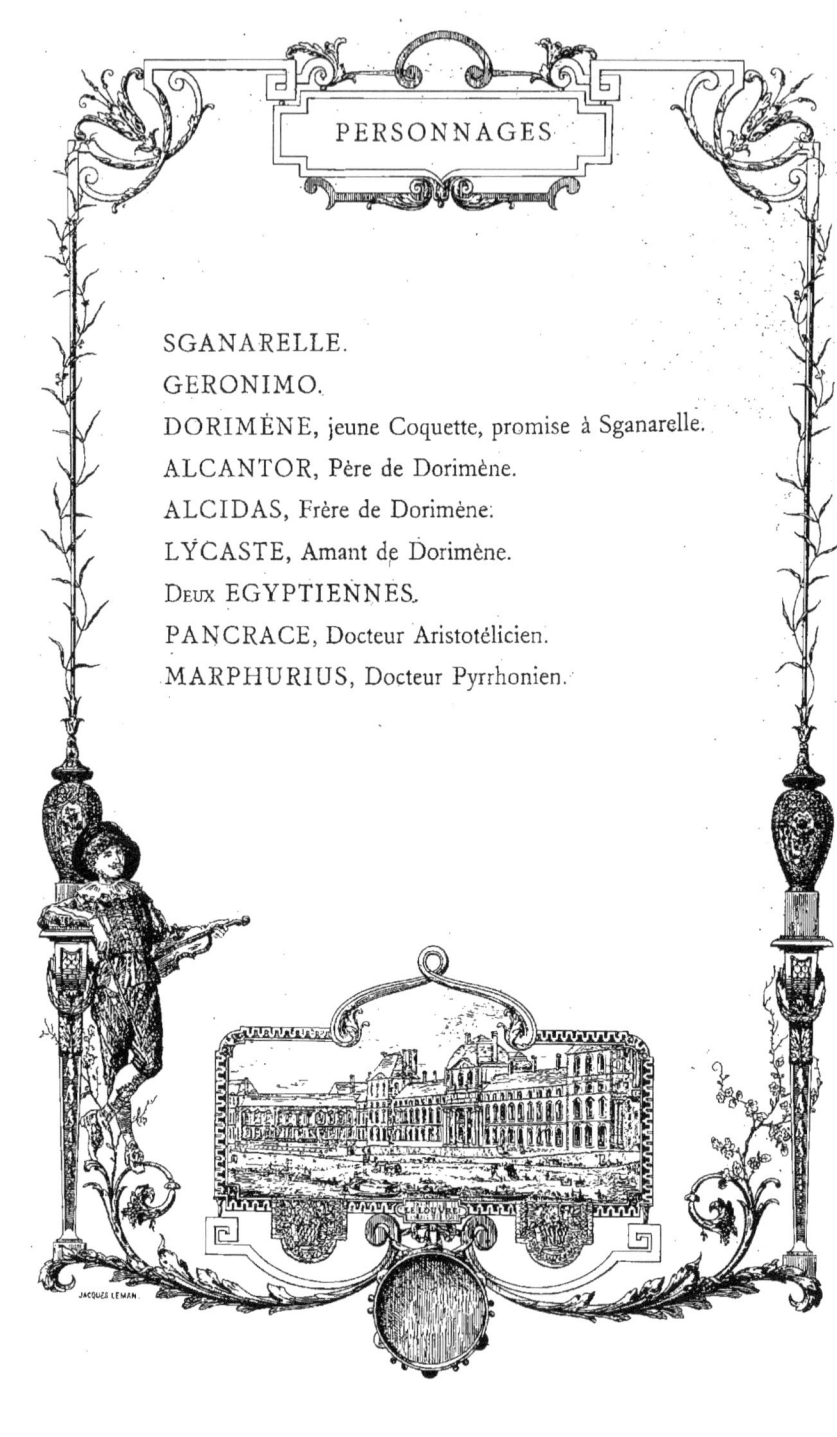

LE MARIAGE FORCÉ
COMEDIE

SCÈNE I

SGANARELLE, GERONIMO

SGANARELLE

E suis de retour dans un moment. Que l'on ait bien soin du Logis, et que tout aille comme il faut. Si l'on m'apporte de l'argent, que l'on me vienne quérir viste chez le Seigneur Geronimo, et, si l'on vient m'en demander, qu'on dise que je suis sorty, et que je ne dois revenir de toute la journée.

GERONIMO
Voilà un ordre fort prudent.

SGANARELLE
Ah, Seigneur Geronimo, je vous trouve à propos, et j'allois chez vous vous chercher.

GERONIMO
Et pour quel sujet, s'il vous plaist?

SGANARELLE
Pour vous communiquer une affaire, que j'ay en teste, et vous prier de m'en dire vostre avis.

GERONIMO
Très volontiers. Je suis bien aise de cette rencontre, et nous pouvons parler icy en toute liberté.

SGANARELLE
Mettez donc dessus, s'il vous plaist. Il s'agit d'une chose de conséquence, que l'on m'a proposée, et il est bon de ne rien faire sans le conseil de ses amis.

GERONIMO
Je vous suis obligé de m'avoir choisy pour cela. Vous n'avez qu'à me dire ce que c'est.

SGANARELLE
Mais, auparavant, je vous conjure de ne me point flater du tout, et de me dire nettement vostre pensée.

GERONIMO
Je le feray, puis que vous le voulez.

SGANARELLE
Je ne vois rien de plus condamnable qu'un amy qui ne nous parle pas franchement...

GERONIMO
Vous avez raison.

SGANARELLE
Et, dans ce siècle, on trouve peu d'amis sincères.

GERONIMO
Cela est vray.

SGANARELLE
Promettez-moy donc, Seigneur Geronimo, de me parler avec toute sorte de franchise.

GERONIMO
Je vous le promets.

SGANARELLE
Jurez-en vostre foy.

GERONIMO
Ouy, foy d'amy. Dites-moi seulement vostre affaire.

SGANARELLE
C'est que je veux sçavoir de vous si je feray bien de me marier.

GERONIMO
Qui, vous ?

SGANARELLE
Ouy, moy-mesme, en propre personne. Quel est vostre avis là-dessus ?

GERONIMO
Je vous prie, auparavant, de me dire une chose.

SGANARELLE
Et quoy ?

GERONIMO
Quel âge pouvez-vous bien avoir maintenant ?

SGANARELLE
Moy ?

GERONIMO
Ouy.

SGANARELLE
Ma foy, je ne sçay; mais je me porte bien.

GERONIMO
Quoy ! Vous ne sçavez pas, à peu près, vostre âge ?

SGANARELLE
Non. Est-ce qu'on songe à cela ?

GERONIMO
Hé, dites-moy un peu, s'il vous plaist : Combien

aviez-vous d'années, lors que nous fismes connoissance ?

SGANARELLE

Ma foy, je n'avois que vingt ans alors.

GERONIMO

Combien fûmes-nous ensemble à Rome ?

SGANARELLE

Huit ans.

GERONIMO

Quel temps avez-vous demeuré en Angleterre ?

SGANARELLE

Sept ans.

GERONIMO

Et en Hollande, où vous fûtes en suite ?

SGANARELLE

Cinq ans et demy.

GERONIMO

Combien y a-t-il que vous estes revenu icy ?

SGANARELLE

Je revins en cinquante-six.

GERONIMO

De cinquante-six à soixante-huit, il y a douze ans, ce me semble. Cinq ans en Hollande font dix-sept;

sept ans en Angleterre font vingt-quatre; huit dans nostre séjour à Rome font trente-deux, et vingt que vous aviez lors que nous nous connûmes, cela fait justement cinquante-deux. Si bien, Seigneur Sganarelle, que, sur vostre propre confession, vous estes environ à vostre cinquante-deuxième, ou cinquante-troisième année.

SGANARELLE

Qui, moy ? Cela ne se peut pas.

GERONIMO

Mon Dieu, le calcul est juste. Et là-dessus je vous diray, franchement et en amy, comme vous m'avez fait promettre de vous parler, que le Mariage n'est guères vostre fait. C'est une chose à laquelle il faut que les jeunes Gens pensent bien meurement avant que de la faire, mais les Gens de vostre âge n'y doivent point penser du tout, et, si l'on dit que la plus grande de toutes les folies est celle de se marier, je ne voy rien de plus mal à propos que de la faire, cette folie, dans la saison où nous devons estre plus sages. Enfin je vous en dis nettement ma pensée. Je ne vous conseille point de songer au mariage, et je vous trouverois le plus ridicule du monde, si, ayant esté libre jusqu'à cette heure, vous alliez vous charger maintenant de la plus pesante des chaisnes.

SGANARELLE

Et moy, je vous dis que je suis résolu de me marier, et que je ne seray point ridicule en épousant la Fille que je recherche.

GERONIMO

Ah, c'est une autre chose. Vous ne m'aviez pas dit cela.

SGANARELLE

C'est une Fille qui me plaist, et que j'aime de tout mon cœur.

GERONIMO

Vous l'aimez de tout vostre cœur?

SGANARELLE

Sans doute, et je l'ay demandée à son Père.

GERONIMO

Vous l'avez demandée ?

SGANARELLE

Ouy. C'est un mariage qui se doit conclure ce soir, et j'ay donné parole.

GERONIMO

Oh! Mariez-vous donc. Je ne dis plus mot.

SGANARELLE

Je quitterois le dessein que j'ay fait? Vous semble-t-il, Seigneur Geronimo, que je ne sois plus propre à songer à une Femme ? Ne parlons point de l'âge que je puis avoir, mais regardons seulement les choses. Y a-t-il homme de trente ans qui paroisse plus frais et plus vigoureux que vous me voyez ? N'ay-je pas tous les mouvemens de mon corps aussi bons que jamais, et voit-on que j'aye besoin de Carosse ou de Chaise pour cheminer ? N'ay-je pas encore toutes mes dents les meilleures du monde ? Ne fais-je pas vigoureusement mes quatre repas par jour, et peut-on voir un estomach qui ait plus de force que le mien ? Hem, hem, hem. Eh, qu'en dites-vous ?

GERONIMO

Vous avez raison ; je m'estois trompé. Vous ferez bien de vous marier.

SGANARELLE

J'y ai répugné autrefois, mais j'ay maintenant de puissantes raisons pour cela. Outre la joye que j'auray de posséder une belle Femme qui me fera mille caresses, qui me dorlotera, et me viendra froter lors que je seray las, outre cette joye, dis-je, je considère qu'en demeurant comme je suis, je laisse périr dans le Monde la Race des Sganarelles, et qu'en me mariant, je pourray me voir revivre en d'autres moy-mesmes ; que j'auray le plaisir de voir des créatures qui seront sorties de moy; de petites figures qui me ressembleront comme deux gouttes d'eau; qui se joueront continuellement dans la Maison; qui m'appelleront leur Papa quand je reviendrai de la Ville, et me diront de petites folies les plus agréables du Monde. Tenez, il me semble déjà que j'y suis, et que j'en vois une demi-douzaine autour de moy.

GERONIMO

Il n'y a rien de plus agréable que cela, et je vous conseille de vous marier le plus viste que vous pourrez.

SGANARELLE

Tout de bon, vous me le conseillez?

GERONIMO

Assurément. Vous ne sçauriez mieux faire.

SGANARELLE

Vrayment, je suis ravi que vous me donniez ce conseil en véritable amy.

GERONIMO

Hé! quelle est la personne, s'il vous plaist, avec qui vous vous allez marier?

SGANARELLE

Dorimène.

GERONIMO

Cette jeune Dorimène, si galante, et si bien parée?

SGANARELLE

Ouy.

GERONIMO

Fille du Seigneur Alcantor?

SGANARELLE

Justement.

GERONIMO

Et Sœur d'un certain Alcidas, qui se mesle de porter l'épée?

SGANARELLE

C'est cela.

GERONIMO

Vertu de ma vie!

SGANARELLE

Qu'en dites-vous?

GERONIMO

Bon party! Mariez-vous promptement.

SGANARELLE

N'ay-je pas raison d'avoir fait ce chois?

GERONIMO

Sans doute. Ah, que vous serez bien marié! Dépeschez-vous de l'estre.

SGANARELLE

Vous me comblez de joye de me dire cela. Je vous

remercie de vostre conseil, et je vous invite ce soir à mes Nopces.

GERONIMO

Je n'y manqueray pas, et je veux y aller en' Masque, afin de les mieux honorer.

SGANARELLE

Serviteur.

GERONIMO

La jeune Dorimène, Fille du Seigneur Alcantor, avec le Seigneur Sganarelle, qui n'a que cinquante-trois ans! O le beau mariage! O le beau mariage!

SGANARELLE

Ce mariage doit estre heureux, car il donne de la joye à tout le monde, et je fais rire tous ceux à qui j'en parle. Me voilà maintenant le plus content des Hommes.

SCÈNE II

DORIMÈNE, SGANARELLE.

DORIMÈNE

Allons, petit Garçon, qu'on tienne bien ma queue, et qu'on ne s'amuse pas à badiner.

SGANARELLE

Voicy ma Maistresse qui vient. Ah, qu'elle est agréable! Quel air et quelle taille! Peut-il y avoir un homme qui n'ait, en la voyant, des démangeaisons de se marier? Où allez-vous, belle Mignonne, chère Epouse future de vostre Epous futur?

DORIMÈNE

Je vais faire quelques emplettes.

SGANARELLE

Hé bien, ma belle, c'est maintenant que nous allons estre heureux l'un et l'autre. Vous ne serez plus en droict de me rien refuser, et je pourray faire avec vous tout ce qu'il me plaira, sans que personne s'en scandalise. Vous allez estre à moy depuis la teste jusqu'aux piez, et je seray maistre de tout : De vos petits yeux éveillez; de vostre petit nez fripon; de vos lèvres appétissantes; de vos oreilles amoureuses; de vostre petit menton joly; de vos petits tetons rondelets; de vostre... Enfin, toute vostre personne sera à ma discrétion, et je seray à mesme pour vous caresser comme je voudray. N'estes-vous pas bien aise de ce Mariage, mon aimable Pouponne?

DORIMÈNE

Tout à fait aise, je vous jure; car enfin la sévérité

de mon Père m'a tenue jusques ici dans une sujettion la plus fâcheuse du Monde. Il y a je ne sçay combien que j'enrage du peu de liberté qu'il me donne, et j'ai cent fois souhaité qu'il me mariast, pour sortir promptement de la contrainte où j'estois avec luy, et me voir en état de faire ce que je voudray. Dieu mercy, vous estes venu heureusement pour cela, et je me prépare désormais à me donner du divertissement, et à réparer, comme il faut, le temps que j'ay perdu. Comme vous estes un fort galant Homme, et que vous sçavez comme il faut vivre, je croy que nous ferons le meilleur ménage du Monde ensemble, et que vous ne serez point de ces Maris incommodes, qui veulent que leurs Femmes vivent comme des Loups-garous. Je vous avoue que je ne m'accommoderois pas de cela, et que la solitude me désespère. J'aime le jeu; les visites; les assemblées; les cadeaux et les promenades; en un mot, toutes les choses de plaisir, et vous devez estre ravy d'avoir une Femme de mon humeur. Nous n'aurons jamais aucun démeslé ensemble, et je ne vous contraindray point dans vos actions, comme j'espère que, de vostre costé, vous ne me contraindrez point dans les miennes; car, pour moy, je tiens qu'il faut avoir une complaisance mutuelle, et qu'on ne se doit point marier pour se faire enrager l'un l'autre. Enfin, nous vivrons, estant mariez, comme deux personnes qui sçavent leur monde.

Aucun soupçon jalous ne nous troublera la cervelle, et c'est assez que vous serez assuré de ma fidélité, comme je seray persuadée de la vostre. Mais qu'avez-vous ? Je vous voy tout changé de visage.

SGANARELLE

Ce sont quelques vapeurs qui me viennent de monter à la teste.

DORIMÈNE

C'est un mal aujourd'huy qui attaque beaucoup de gens, mais nostre Mariage vous dissipera tout cela. Adieu. Il me tarde déjà que je n'aye des habits raisonnables, pour quitter viste ces guenilles. Je m'en vais de ce pas achever d'acheter toutes les choses qu'il me faut, et je vous envoyray les Marchands.

SCÈNE III

GERONIMO, SGANARELLE

GERONIMO

Ah, Seigneur Sganarelle, je suis ravy de vous trouver encor icy, et j'ay rencontré un Orfèvre, qui, sur le bruit que vous cherchiez quelque beau diamant en bague pour faire un présent à vostre Epouse, m'a fort prié de vous venir parler pour luy, et de vous dire qu'il en a un à vendre, le plus parfait du Monde.

SGANARELLE

Mon Dieu, cela n'est pas pressé.

GERONIMO

Comment ! Que veut dire cela ? Où est l'ardeur que vous montriez tout à l'heure ?

SGANARELLE

Il m'est venu, depuis un moment, de petits scrupules sur le Mariage. Avant que de passer plus avant, je voudrois bien agiter à fond cette matière, et que l'on m'expliquast un songe que j'ay fait cette nuit, et qui vient tout à l'heure de me revenir dans l'esprit. Vous sçavez que les songes sont comme des miroirs, où l'on découvre quelquefois tout ce qui doit nous arriver. Il me sembloit que j'estois dans un vaisseau, sur une mer bien agitée, et que...

GERONIMO

Seigneur Sganarelle, j'ay maintenant quelque petite affaire qui m'empesche de vous ouyr. Je n'entens rien du tout aux songes, et, quand au raisonnement du Mariage, vous avez deux Sçavans, deux Philosophes, vos voisins, qui sont gens à vous débiter tout ce qu'on peut dire sur ce sujet. Comme ils sont de Sectes diférentes, vous pouvez examiner leurs diverses opinions là-dessus. Pour moy, je me contente de ce que je vous ay dit tantost, et demeure vostre serviteur.

XI.

SGANARELLE

Il a raison. Il faut que je consulte un peu ces gens-là sur l'incertitude où je suis.

SCÈNE IV

PANCRACE, SGANARELLE

PANCRACE

Allez, vous estes un impertinent, mon amy; un homme bannissable de la République des Lettres.

SGANARELLE

Ah! bon. En voicy un fort à propos.

PANCRACE

Ouy, je te soutiendray, par vives raisons, que tu es un ignorant, ignorantissime, ignorantifiant, et ignorantifié, par tous les Cas et Modes imaginables...

SGANARELLE

Il a pris querelle contre quelqu'un. — Seigneur...

PANCRACE

Tu veux te mesler de raisonner, et tu ne sçais pas seulement les Élémens de la Raison...

SGANARELLE

La colère l'empesche de me voir. — Seigneur...

PANCRACE

C'est une Proposition condamnable dans toutes les Terres de la Philosophie...

SGANARELLE

Il faut qu'on l'ait fort irrité. — Je...

PANCRACE

Toto Cœlo, totâ viâ aberras.

SGANARELLE

Je baise les mains à Monsieur le Docteur.

PANCRACE

Serviteur.

SGANARELLE

Peut-on...

PANCRACE

Sçais tu bien ce que tu as fait ? Un Sillogisme *in balordo.*

SGANARELLE

Je vous...

PANCRACE

La Majeure en est inepte, la Mineure impertinente, et la Conclusion ridicule.

SGANARELLE

Je...

PANCRACE

Je crèverois plutost que d'avouer ce que tu dis, et je soutiendray mon opinion jusqu'à la dernière goutte de mon encre.

SGANARELLE

Puis-je...

PANCRACE

Ouy, je défendray cette Proposition, *pugnis et calcibus, unguibus et rostro*.

SGANARELLE

Seigneur Aristote, peut-on sçavoir ce qui vous met si fort en colère?

PANCRACE

Un sujet le plus juste du Monde.

SGANARELLE

Et quoy encore?

PANCRACE

Un Ignorant m'a voulu soutenir une Proposition erronée; une Proposition épouvantable, éfroyable, exécrable.

SGANARELLE

Puis-je demander ce que c'est?

PANCRACE

Ah, Seigneur Sganarelle, tout est renversé aujourd'huy, et le Monde est tombé dans une corruption générale. Une licence épouvantable règne partout, et les Magistrats, qui sont établis pour maintenir l'ordre dans cet État, devroient rougir de honte en souffrant un scandale aussi intolérable que celuy dont je veux parler.

SGANARELLE

Quoy donc ?

PANCRACE

N'est-ce pas une chose horrible, une chose qui crie vengeance au Ciel, que d'endurer qu'on dise publiquement la Forme d'un Chapeau !

SGANARELLE

Comment ?

PANCRACE

Je soutiens qu'il faut dire la Figure d'un Chapeau, et non pas la Forme. D'autant qu'il y a cette diférence, entre la Forme et la Figure, que la Forme est la disposition extérieure des Corps qui sont animez, et la Figure la disposition extérieure des Corps qui sont inanimez ; et, puis que le Chapeau est un corps inanimé, il faut dire la Figure d'un Chapeau et non pas la Forme. — Ouy, ignorant que vous estes, c'est comme il faut parler, et ce sont les termes exprès d'Aristote dans le Chapitre de la Qualité.

SGANARELLE

Je pensois que tout fust perdu. — Seigneur Docteur, ne songez plus à tout cela. Je...

PANCRACE

Je suis dans une colère que je ne me sens pas.

SGANARELLE

Laissez la Forme et le Chapeau en paix. J'ay quelque chose à vous communiquer. Je...

PANCRACE

Impertinent fieffé !

SGANARELLE

De grâce, remettez-vous. Je...

PANCRACE

Ignorant !

SGANARELLE

Eh, mon Dieu ! Je...

PANCRACE

Me vouloir soutenir une Proposition de la sorte !

SGANARELLE

Il a tort. Je...

PANCRACE

Une Proposition condamnée par Aristote !

SGANARELLE

Cela est vray. Je...

PANCRACE

En termes exprès!

SGANARELLE

Vous avez raison. — Ouy, vous estes un sot, et un impudent, de vouloir disputer contre un Docteur, qui sçait lire, et écrire. — Voilà qui est fait. Je vous prie de m'écouter. Je viens vous consulter sur une affaire qui m'embarrasse. J'ay dessein de prendre une Femme, pour me tenir compagnie dans mon Ménage. La personne est belle et bien faite; elle me plaist beaucoup, elle est ravie de m'épouser. Son Père me l'a accordée, mais je crains un peu ce que vous sçavez, la disgrâce dont on ne plaint personne ; et je voudrois bien vous prier, comme Philosophe, de me dire vostre sentiment. Eh, quel est vôtre avis là-dessus ?

PANCRACE

Plutost que d'accorder qu'il faille dire la Forme d'un Chapeau, j'accorderois que *datur vacuum in rerum naturâ*, et que je ne suis qu'une beste.

SGANARELLE

La peste soit de l'homme ! — Eh, Monsieur le Docteur, écoutez un peu les Gens. On vous parle une heure durant, et vous ne répondez point à ce qu'on vous dit.

PANCRACE

Je vous demande pardon. Une juste colère m'occupe l'esprit.

SGANARELLE

Eh, laissez tout cela, et prenez la peine de m'écouter.

PANCRACE

Soit. Que voulez-vous me dire ?

SGANARELLE

Je veux vous parler de quelque chose.

PANCRACE

Et de quelle Langue voulez-vous vous servir avec moy ?

SGANARELLE

De quelle langue ?

PANCRACE

Ouy.

SGANARELLE

Parbleu, de la langue que j'ay dans la bouche. Je croy que je n'iray pas emprunter celle de mon voisin.

PANCRACE

Je vous dis de quel Idiome, de quel Langage ?

SGANARELLE

Ah, c'est une autre affaire.

PANCRACE

Voulez-vous me parler Italien ?

SGANARELLE

Non.

PANCRACE

Espagnol ?

SGANARELLE

Non.

PANCRACE

Alleman ?

SGANARELLE

Non.

PANCRACE

Anglois ?

SGANARELLE

Non.

PANCRACE

Latin ?

SGANARELLE

Non.

PANCRACE

Grec ?

SGANARELLE

Non.

PANCRACE

Hébreu ?

SGANARELLE

Non.

PANCRACE

Siriaque ?

SGANARELLE

Non.

PANCRACE

Turc ?

SGANARELLE

Non.

PANCRACE

Arabe ?

SGANARELLE

Non, non ; François.

PANCRACE

Ah, François !

SGANARELLE

Fort bien.

PANCRACE

Passez donc de l'autre côté ; car cette oreille-cy est destinée pour les Langues scientifiques et étrangères, et l'autre est pour la maternelle.

SGANARELLE

Il faut bien des cérémonies avec ces sortes de Gens-cy.

PANCRACE

Que voulez-vous ?

SGANARELLE

Vous consulter sur une petite difficulté.

PANCRACE

Sur une difficulté de Philosophie, sans doute ?

SGANARELLE

Pardonnez-moy. Je...

PANCRACE

Vous voulez peut-estre sçavoir si la Substance et l'Accident sont termes sinonymes, ou équivoques, à l'égard de l'Estre.

SGANARELLE

Point du tout. Je...

PANCRACE

Si la Logique est un Art, ou une Science ?

SGANARELLE

Ce n'est pas cela. Je...

PANCRACE

Si elle a pour objet les trois Opérations de l'Esprit, ou la troisième seulement ?

SGANARELLE

Non. Je...

PANCRACE

S'il y a dix Cathégories, ou s'il n'y en a qu'une ?

SGANARELLE

Point. Je...

PANCRACE

Si la Conclusion est de l'essence du Sillogisme ?

SGANARELLE

Nenny. Je...

PANCRACE

Si l'essence du Bien est mise dans l'appétibilité, ou dans la convenance ?

SGANARELLE

Non. Je...

PANCRACE

Si le Bien se réciproque avec la Fin ?

SGANARELLE

Eh! non. Je...

PANCRACE

Si la Fin nous peut émouvoir par son Estre réel, ou par son Estre intentionel ?

SGANARELLE

Non, non, non, non, non ! De par tous les Diables, non !

PANCRACE

Expliquez donc vostre pensée, car je ne puis la deviner.

SGANARELLE

Je vous la veux expliquer aussi; mais il faut m'écouter.

SGANARELLE, *en mesme temps que le Docteur:*

L'affaire que j'ay à vous dire, c'est que j'ay envie de me marier avec une Fille, qui est jeune et belle. Je l'ayme fort, et l'ay demandée à son Père; mais, comme j'apréhende...

PANCRACE, *en mesme temps que Sganarelle:*

La Parole a esté donnée à l'Homme pour expliquer sa Pensée, et, tout ainsi que les Pensées sont les Portraits des choses, de mesme nos Paroles sont-elles les Portraits de nos Pensées. Mais ces Portraits difèrent des autres Portraits en ce sens que les autres Portraits sont distinguez par tout de leurs Originaux, et que la Parole enferme en soy son Original, puis qu'elle n'est autre chose que la Pensée, expliquée par un Signe extérieur; d'où vient que ceux qui pensent bien sont aussi ceux qui parlent le mieux. Expliquez-moy donc vostre Pensée par la Parole, qui est le plus intelligible de tous les Signes.

SGANARELLE. *Il repousse le Docteur dans sa maison, et tire la porte pour l'empescher de sortir.*

Au Diable les Sçavans, qui ne veulent point écouter les Gens! On me l'avoit bien dit, que son Maistre Aristote n'estoit rien qu'un Bavard. Il faut que j'aille trouver l'autre; il est plus posé, et plus raisonnable. — Holà!

SCÈNE V

MARPHURIUS, SGANARELLE

MARPHURIUS

Que voulez-vous de moy, Seigneur Sganarelle?

SGANARELLE

Seigneur Docteur, j'aurois besoin de vostre conseil sur une petite affaire dont il s'agit, et je suis venu icy pour cela. — Ah, voilà qui va bien. Il écoute le monde, celuy-cy.

MARPHURIUS

Seigneur Sganarelle, changez, s'il vous plaist, cette façon de parler. Nostre Philosophie ordonne de ne point énoncer de Proposition décisive, de parler de tout avec incertitude, de suspendre toujours son jugement, et, par cette raison, vous ne devez pas dire: Je suis venu, mais: Il me semble que je suis venu.

SGANARELLE

Il me semble!

MARPHURIUS

Ouy.

SGANARELLE

Parbleu! il faut bien qu'il me le semble, puis que cela est.

MARPHURIUS

Ce n'est pas une conséquence, et il peut vous sembler, sans que la chose soit véritable.

SGANARELLE

Comment! Il n'est pas vray que je suis venu?

MARPHURIUS

Cela est incertain, et nous devons douter de tout.

SGANARELLE

Quoy! Je ne suis pas icy, et vous ne me parlez pas?

MARPHURIUS

Il m'aparoist que vous estes là, et il me semble que je vous parle; mais il n'est pas assuré que cela soit.

SGANARELLE

Eh, que Diable! vous vous moquez. Me voilà, et vous voilà bien nettement, et il n'y a point de me semble à tout cela. Laissons ces subtilitez, je vous prie, et parlons de mon affaire. Je viens vous dire que j'ay envie de me marier.

MARPHURIUS

Je n'en sçay rien.

SGANARELLE

Je vous le dy.

MARPHURIUS

Il se peut faire.

SGANARELLE

La Fille que je veux prendre est fort jeune, et fort belle.

MARPHURIUS

Il n'est pas impossible.

SGANARELLE

Feray-je bien, ou mal, de l'épouser ?

MARPHURIUS

L'un, ou l'autre.

SGANARELLE

Ah, ah, voicy une autre musique. Je vous demande si je feray bien d'épouser la Fille dont je vous parle.

MARPHURIUS

Selon la rencontre.

SGANARELLE

Feray-je mal.

MARPHURIUS

Par avanture.

SGANARELLE

De grâce, répondez-moy comme il faut.

MARPHURIUS

C'est mon dessein.

SGANARELLE

J'ay une grande inclination pour la Fille.

MARPHURIUS

Cela peut estre.

SGANARELLE

Le Père me l'a accordée.

MARPHURIUS

Il se pourroit.

SGANARELLE

Mais, en l'épousant, je crains d'estre Cocu.

MARPHURIUS

La chose est faisable.

SGANARELLE

Qu'en pensez-vous ?

MARPHURIUS

Il n'y a pas d'impossibilité.

SGANARELLE

Mais que feriez-vous, si vous estiez en ma place ?

MARPHURIUS

Je ne sçay.

SGANARELLE

Que me conseillez-vous de faire ?

MARPHURIUS

Ce qui vous plaira.

SGANARELLE

J'enrage.

MARPHURIUS

Je m'en lave les mains.

SGANARELLE

Au Diable soit le vieux resveur.

MARPHURIUS

Il en sera ce qui pourra.

SGANARELLE

La peste du bourreau! Je te feray changer de notte, chien de Philosophe enragé!

MARPHURIUS

Ah! ah! ah!

SGANARELLE

Te voilà payé de ton galimathias, et me voilà content.

MARPHURIUS

Comment! Quelle insolence! M'outrager de la sorte! Avoir eu l'audace de battre un Philosophe comme moy!

SGANARELLE

Corrigez, s'il vous plaist, cette manière de parler. Il faut douter de toutes choses, et vous ne devez pas dire que je vous ay battu, mais qu'il vous semble que je vous ay battu.

MARPHURIUS

Ah! Je m'en vais faire ma plainte, au Commissaire du Quartier, des coups que j'ay reçeus.

SGANARELLE

Je m'en lave les mains.

MARPHURIUS

J'en ay les marques sur ma personne.

SGANARELLE

Il se peut faire.

MARPHURIUS

C'est toy qui m'as traité ainsy.

SGANARELLE

Il n'y a pas d'impossibilité.

MARPHURIUS

J'auray un Décret contre toy...

SGANARELLE

Je n'en sçay rien.

MARPHURIUS

Et tu seras condamné en Justice.

SGANARELLE

Il en sera ce qui pourra.

MARPHURIUS

Laisse-moy faire.

SGANARELLE

Comment! On ne sçauroit tirer une parole positive de ce chien d'homme-là, et l'on est aussi sçavant à la fin qu'au commencement. Que dois-je faire dans l'incertitude des suites de mon Mariage ? Jamais homme ne fut plus embarrassé que je suis. — Ah! voicy des Egyptiennes. Il faut que je me fasse dire par elles ma bonne avanture.

SCÈNE VI

DEUX ÉGYPTIENNES, SGANARELLE

Les Egyptiennes, avec leurs Tambours de Basque, entrent en chantant et dansant.

SGANARELLE

Elles sont gaillardes. — Écoutez, vous autres, y a-t-il moyen de me dire ma bonne fortune ?

1 ÉGYPTIENNE

Ouy, mon bon Monsieur; nous voicy deux qui te la diront.

2 ÉGYPTIENNE

Tu n'as seulement qu'à nous donner ta main, avec la Croix dedans, et nous te dirons quelque chose pour ton bon profit.

SGANARELLE

Tenez; les voilà toutes deux, avec ce que vous demandez.

1 ÉGYPTIENNE

Tu as une bonne physionomie, mon bon Monsieur, une bonne physionomie.

2 ÉGYPTIENNE

Ouy, bonne physionomie. Physionomie d'un homme qui sera un jour quelque chose.

1 ÉGYPTIENNE

Tu seras marié avant qu'il soit peu, mon bon Monsieur ; tu seras marié avant qu'il soit peu.

2 ÉGYPTIENNE

Tu épouseras une Femme gentille, une Femme gentille.

1 ÉGYPTIENNE

Ouy, une Femme qui sera chérie, et aimée de tout le Monde...

2 ÉGYPTIENNE

Une Femme qui te fera beaucoup d'Amis, mon bon Monsieur ; qui te fera beaucoup d'Amis...

1 ÉGYPTIENNE

Une Femme qui fera venir l'abondance chez toy...

2 ÉGYPTIENNE

Une Femme qui te donnera une grande réputation.

1 ÉGYPTIENNE

Tu seras considéré par elle, mon bon Monsieur ; tu seras considéré par elle.

SGANARELLE

Voilà qui est bien. Mais, dites-moy un peu, suis-je menacé d'estre Cocu?

2 ÉGYPTIENNE

Cocu?

SGANARELLE

Ouy.

1 ÉGYPTIENNE

Cocu?

SGANARELLE

Ouy, si je suis menacé d'estre cocu.

Toutes deux chantent et dansent :

La, la, la, la...

SGANARELLE

Que Diable! ce n'est pas là me répondre. Venez çà. Je vous demande à toutes deux si je seray Cocu.

2 ÉGYPTIENNE

Cocu, vous?

SGANARELLE

Ouy, si je seray Cocu.

1 ÉGYPTIENNE

Vous, Cocu?

SGANARELLE

Ouy, si je le seray, ou non.

Toutes deux chantent et dansent :

La, la, la, la...

SGANARELLE

Peste soit des carognes, qui me laissent dans l'inquiétude! Il faut absolument que je sçache la destinée de mon mariage, et pour cela, je veux aller trouver ce grand Magicien dont tout le Monde parle tant, et qui, par son art admirable, fait voir tout ce que l'on souhaite. — Ma foy, je croy que je n'ay que faire d'aller au Magicien, et voicy qui me montre tout ce que je puis demander.

SCENE VII

DORIMÈNE, LYCASTE, SGANARELLE

LYCASTE

Quoy, belle Dorimène, c'est sans raillerie que vous parlez ?

DORIMÈNE

Sans raillerie.

LYCASTE

Vous vous mariez tout de bon ?

DORIMÈNE

Tout de bon.

LYCASTE

Et vos nopces se feront dès ce soir ?

DORIMÈNE

Dès ce soir

LYCASTE

Et vous pouvez, cruelle que vous estes, oublier de la sorte l'amour que j'ay pour vous, et les obligeantes paroles que vous m'aviez données ?

DORIMÈNE

Moy ? Point du tout. Je vous considère toûjours de mesme, et ce mariage ne doit point vous inquiéter. C'est un homme que je n'épouse point par amour, et sa seule richesse me fait résoudre à l'accepter. Je n'ay point de bien. Vous n'en avez point aussi, et vous sçavez que sans cela on passe mal le temps au Monde, et qu'à quelque prix que ce soit, il faut tâcher d'en avoir. J'ai embrassé cette occasion-cy de me mettre à mon aise, et je l'ay fait sur l'espérance de me voir bien-tost délivrée du Barbon que je prens. C'est un Homme qui mourra avant qu'il soit peu, et qui n'a, tout au plus, que six mois dans le ventre. Je vous le garantis défunt dans le temps que je dis, et je n'auray pas longuement à demander pour moy au Ciel l'heureux état de Veuve. — Ah ! nous parlions de vous, et nous en disions tout le bien qu'on en sçauroit dire.

LYCASTE

Est-ce là Monsieur...

DORIMÈNE

Ouy, c'est Monsieur qui me prend pour Femme.

LYCASTE

Agréez, Monsieur, que je vous félicite de vostre Mariage, et vous présente en mesme temps mes très humbles services. Je vous assure que vous 'épousez là une très honneste personne. Et vous, Mademoiselle, je me réjouis, avec vous aussi, de l'heureux choix que vous avez fait. Vous ne pouviez pas mieux trouver, et Monsieur a toute la mine d'estre un fort bon Mary. Ouy, Monsieur, je veux faire amitié avec vous, et lier ensemble un petit commerce de visites et de divertissemens.

DORIMÈNE

C'est trop d'honneur que vous nous faites à tous deux. Mais allons, le temps me presse, et nous aurons tout le loisir de nous entretenir ensemble.

SGANARELLE

Me voilà tout à fait dégoûté de mon Mariage, et je croy que je ne feray pas mal de m'aller dégager de ma parole. Il m'en a coûté quelque argent, mais il vaut mieux encore perdre cela que de m'exposer à quelque chose de pis. Tâchons adroitement de nous débarrasser de cette affaire. — Holà!

SCÈNE VIII

ALCANTOR, SGANARELLE

ALCANTOR
Ah! mon Gendre, soyez le bien venu.

SGANARELLE
Monsieur, vostre serviteur.

ALCANTOR
Vous venez pour conclure le mariage ?

SGANARELLE
Excusez-moy...

ALCANTOR
Je vous promets que j'en ay autant d'impatience que vous.

SGANARELLE
Je viens icy pour autre sujet.

ALCANTOR
J'ay donné ordre à toutes les choses nécessaires pour cette Feste.

SGANARELLE
Il n'est pas question de cela.

ALCANTOR

Les Violons sont retenus ; le Festin est commandé, et ma Fille est parée pour vous recevoir.

SGANARELLE

Ce n'est pas ce qui m'ameine.

ALCANTOR

Enfin vous allez estre satisfait, et rien ne peut retarder vostre contentement.

SGANARELLE

Mon Dieu, c'est autre chose.

ALCANTOR

Allons, entrez donc, mon Gendre.

SGANARELLE

J'ay un petit mot à vous dire.

ALCANTOR

Ah, mon Dieu, ne faisons point de cérémonie. Entrez viste, s'il vous plaist.

SGANARELLE

Non, vous dis-je. Je vous veux parler auparavant.

ALCANTOR

Vous voulez me dire quelque chose ?

SGANARELLE

Ouy.

ALCANTOR

Et quoy ?

SGANARELLE

Seigneur Alcantor, j'ay demandé vostre Fille en mariage, il est vray, et vous me l'avez accordée; mais je me trouve un peu avancé en âge pour elle, et je considère que je ne suis point du tout son fait.

ALCANTOR

Pardonnez-moy. Ma Fille vous trouve bien, comme vous estes, et je suis seur qu'elle vivra fort contente avec vous.

SGANARELLE

Point. J'ay parfois des bizarreries épouvantables, et elle auroit trop à souffrir de ma mauvaise humeur.

ALCANTOR

Ma Fille a de la complaisance, et vous verrez qu'elle s'accommodera entièrement à vous.

SGANARELLE

J'ay quelques infirmitez sur mon corps, qui pourroient la dégoûter.

ALCANTOR

Cela n'est rien. Une honneste Femme ne se dégoûte jamais de son Mary.

SGANARELLE

Enfin, voulez-vous que je vous dise ? Je ne vous conseille pas de me la donner.

ALCANTOR

Vous moquez-vous ? J'aimerois mieux mourir que d'avoir manqué à ma parole.

SGANARELLE

Mon Dieu, je vous en dispense, et je...

ALCANTOR

Point du tout. Je vous l'ay promise, et vous l'aurez, en dépit de tous ceux qui y prétendent.

SGANARELLE

Que diable !

ALCANTOR

Voyez-vous, j'ay une estime, et une amitié pour vous, toute particulière, et je refuserois ma Fille à un Prince pour vous la donner.

SGANARELLE

Seigneur Alcantor, je vous suis obligé de l'honneur que vous me faites, mais je vous déclare que je ne me veux point marier.

ALCANTOR

Qui, vous ?

SGANARELLE

Ouy, moy.

ALCANTOR

Et la raison ?

SGANARELLE

La raison ? C'est que je ne me sens point propre pour le Mariage, et que je veux imiter mon Père, et tous ceux de ma Race, qui ne se sont jamais voulu marier.

ALCANTOR

Ecoutez. Les volontez sont libres, et je suis homme à ne contraindre jamais personne. Vous vous estes engagé avec moy pour épouser ma Fille, et tout est préparé pour cela; mais, puis que vous voulez retirer vostre parole, je vais voir ce qu'il y a à faire, et vous aurez bientost de mes nouvelles.

SGANARELLE

Encor est-il plus raisonnable que je ne pensois, et je croyois avoir bien plus de peine à m'en dégager. Ma foy, quand j'y songe, j'ay fait fort sagement, de me tirer de cette affaire, et j'allois faire un pas, dont je me serois peut-estre long-temps repenty. — Mais voicy le Fils qui me vient rendre réponse.

SCÈNE IX

ALCIDAS, SGANARELLE

ALCIDAS, *parlant toujours d'un ton doucereux* :

Monsieur, je suis vôtre serviteur très humble.

SGANARELLE

Monsieur, je suis le vôtre de tout mon cœur.

ALCIDAS

Mon Père m'a dit, Monsieur, que vous vous estiez venu dégager de la parole que vous aviez donnée.

SGANARELLE

Ouy, Monsieur. C'est avec regret, mais...

ALCIDAS

Oh, Monsieur, il n'y a pas de mal à cela.

SGANARELLE

J'en suis fâché, je vous assure ; et je souhaiterois...

ALCIDAS

Cela n'est rien, vous dis-je.

Luy présentant deux épées :

Monsieur, prenez la peine de choisir, de ces deux épées, laquelle vous voulez.

SGANARELLE

De ces deux épées ?

ALCIDAS

Ouy, s'il vous plaist.

SGANARELLE

A quoy bon ?

ALCIDAS

Monsieur, comme vous refusez d'épouser ma Sœur après la parole donnée, je croy que vous ne trouverez pas mauvais le petit compliment que je viens vous faire.

SGANARELLE

Comment ?

ALCIDAS

D'autres gens feroient du bruit et s'emporteroient contre vous; mais nous sommes personnes à traiter les choses dans la douceur, et je viens vous dire, civilement, qu'il faut, si vous le trouvez bon, que nous nous coupions la gorge ensemble.

SGANARELLE

Voilà un compliment fort mal tourné.

ALCIDAS

Allons, Monsieur, choisissez, je vous prie.

SGANARELLE

Je suis vostre Valet. Je n'ay point de gorge à me couper. — La vilaine façon de parler que voilà!

ALCIDAS

Monsieur, il faut que cela soit, s'il vous plaist.

SGANARELLE

Eh, Monsieur, rengaînez ce compliment, je vous prie.

ALCIDAS

Dépeschons viste, Monsieur. J'ay une petite Affaire, qui m'attend.

SGANARELLE

Je ne veux point de cela, vous dy-je.

ALCIDAS

Vous ne voulez pas vous battre?

SGANARELLE

Nenny, ma foy.

ALCIDAS

Tout de bon?

SGANARELLE

Tout de bon.

ALCIDAS

Au moins, Monsieur, vous n'avez pas lieu de vous plaindre, et vous voyez que je fais les choses dans l'ordre. Vous nous manquez de parole; je me veux battre contre vous. Vous refusez de vous battre; je vous donne des coups de baston. Tout cela est dans les formes, et vous estes trop honneste homme pour ne pas approuver mon procédé.

SGANARELLE

Quel diable d'homme est-ce cy!

ALCIDAS

Allons, Monsieur, faites les choses galamment et sans vous faire tirer l'oreille.

SGANARELLE

Encor?

ALCIDAS

Monsieur, je ne contrains personne; mais il faut que vous vous battiez, ou que vous épousiez ma Sœur.

SGANARELLE

Monsieur, je ne puis faire ny l'un, ny l'autre, je vous assure.

ALCIDAS

Assurément?

SGANARELLE

Assurément.

ALCIDAS

Avec vostre permission donc.....

SGANARELLE

Ah! ah! ah! ah!

ALCIDAS

Monsieur, j'ay tous les regrets du monde d'estre obligé d'en user ainsi avec vous; mais je ne cesseray point, s'il vous plaist, que vous n'ayez promis de vous battre, ou d'épouser ma sœur.

SGANARELLE

Hé bien, j'épouseray, j'épouseray.

ALCIDAS

Ah! Monsieur, je suis ravy que vous vous mettiez à la raison, et que les choses se passent doucement. Car enfin, vous êtes l'homme du Monde que j'estime le plus, je vous jure, et j'aurois esté au désespoir que vous m'eussiez contraint à vous mal-traiter. Je vais appeller mon Père, pour luy dire que tout est d'accord.

SCÈNE X

ALCANTOR, ALCIDAS, SGANARELLE

ALCIDAS

Mon Père, voilà Monsieur qui est tout à fait raisonnable. Il a voulu faire les choses de bonne grâce, et vous pouvez luy donner ma Sœur.

ALCANTOR

Monsieur, voilà sa main; vous n'avez qu'à donner

la vostre. Loué soit le Ciel! M'en voilà déchargé, et c'est vous désormais que regarde le soin de sa conduite. Allons nous réjouir, et célébrer cet heureux mariage.

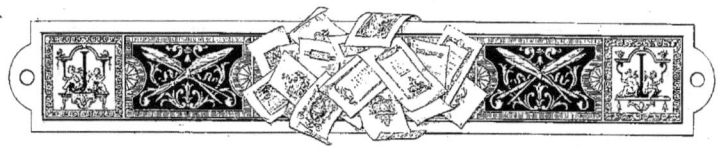

LE MARIAGE FORCÉ

EXPLICATION DES PLANCHES

Notice. — Bande ornementale avec deux enfants nus, assis dans les rinceaux. Au centre, un médaillon; en avant d'une allée d'arbres, terminée par un portique en arcade, Sganarelle parlant à la jeune Doriméne. (Sc. II).

— Lettre D. Doriméne debout, l'éventail à la main.

— Cul de lampe. Au centre, la tête d'une Égyptienne supportant la tablette d'une corniche sur laquelle un tambour de basque. Aux extrémités de l'ornement, deux petits vases d'où s'échappent des flammes.

Faux-titre. — En bas, les violons, les hautbois et la torche allumée du mariage de Sganarelle. En haut, sous la couronne de France, qui rappelle la fête royale pour laquelle la Pièce a été faite, les deux épées d'Alcidas, croisées en sautoir. A droite et à gauche, un enfant nu tenant en main le bâton avec lequel Alcidas battra Sganarelle.

Grande composition. — En avant d'une rue plantée d'arbres, bordée à gauche par une fontaine et à droite par une grille entre des piliers, la jeune Doriméne, très élégamment habillée, ayant dans la main gauche un éventail et portant de la droite un parasol sur sa tête, se retourne pour dire : « Allons, petit Garçon, qu'on tienne bien ma queue et qu'on ne s'amuse pas à badiner », sans s'occuper de Sganarelle, qui, le chapeau à la main, lui fait un grand salut en lui disant : « Où allez-vous, belle mignonne, chère épouse future de vostre époux futur ? » (Sc. II).

GRAND TITRE. — Dans les montants latéraux, un Terme d'homme barbu et une tête de vieillard laissant tomber de leurs lèvres un ruban enguirlandé d'une chute de fleurs; au milieu des montants, un cadre octogone en hauteur. Dans celui de droite, deux épées en sautoir et dans celui de gauche, deux bâtons, aussi en sautoir, souvenir de la Scène IX. Au milieu du haut, dans un cadre en largeur, une rue, et Sganarelle, sur la porte de sa maison, disant aux Serviteurs qui sont en dedans : « Je suis de retour dans un moment, etc. »; (Scène I). Au centre, les armes de Molière accostées des deux Egyptiennes de la Scène VI, s'accrochant d'une main aux cornes symboliques d'une tête de Satyre et agitant de l'autre un tambour de basque.

CADRE DES PERSONNAGES. — Les montants sont formés d'un mince bâton, entouré des spirales d'une tige grimpante; le bâton sort d'un vase de Chine posé sur une gaîne amortie en console. Sur celle de gauche s'accoude un des Violons de la collation du mariage de Sganarelle, tenant son instrument et son archet. Au milieu du bas, au-dessus d'un tambour de basque, une vue du Louvre du côté de la Seine, derrière ce qui s'est appelé plus tard le Jardin de l'Infante; la façade en perspective est l'ancienne façade construite sous Louis XIII par Levau, avec, en retour d'équerre, le bâtiment de la Galerie d'Apollon.

EN-TÊTE. — Le titre du *Mariage forcé*. Sur les rinceaux latéraux, traversés de branches de rosiers en fleurs, les deux Egyptiennes debout avec leurs tambours de basque. Au milieu du haut, les deux épées d'Alcidas en sautoir au-dessous d'une tête encornée; au milieu du bas, en avant d'une tenture drapée, deux enfants assis en face l'un de l'autre, à droite un garçonnet, à gauche une fillette coquette, qui détourne la tête et les yeux pour avoir l'air de ne pas écouter et de ne pas entendre ce qu'on lui dit.

— Lettre J. Sganarelle, assis sur le crochet de la lettre, tend sa main à l'une des Egyptiennes pour se faire prédire le sort de son mariage; la seconde frappe son tambour de basque sur sa tête. Deux petits génies nuptiaux, debout sur la plate-forme d'un rinceau, tiennent comme un poêle une draperie au-dessus du groupe, et l'on peut lire dans le haut, sur une poignée suspendue au cadre, et qui répète l'ornement de la tête du J, le mot fatidique que redoute Sganarelle autant que faisait Panurge.

— Cul de lampe. Dans un cadre en largeur, le groupe de la Scène finale, Alcantor sur la porte de sa maison, Sganarelle donnant sa main à Dorimène, Alcidas, ses deux épées sous le bras et tenant encore derrière son dos le bâton dont les compliments ont fini par convaincre Sganarelle. Dans l'ornement du bas, le Terme d'une des deux Egyptiennes, agitant au-dessus de sa tête son tambour de basque et ses castagnettes.

Achevé d'imprimer a Évreux
Par Charles Hérissey
Le vingt-six Juin Mil huit cent quatre-vingt-cinq

Pour le compte de Jules Lemonnyer
Éditeur a Paris

www.ingramcontent.com/pod-product-compliance
Lightning Source LLC
LaVergne TN
LVHW050618090426
835512LV00008B/1544